Tatuajes de por vida

por Víctor J. Cárdenas

Casa Creación

Tatuajes de por vida/Tattoos for Life
por Víctor J. Cárdenas

Impreso en los Estados Unidos de América.
ISBN: 0-88419-614-3

Casa Creación
Strang Communications
600 Rinehart Road
Lake Mary, FL 32746
Tel. (407) 333-7117
Fax (407) 333-7147
Internet http://www.strang.com
//www.vidacristiana.com

A menos que se indique de otra cosa, las referencias bíblicas incluidas en este libro corresponden a la versión Reina-Valera Revisada de 1960. Sociedades Bíblicas Unidas, usada con el debido permiso.

Índice

Contents

Introducción/ Introduction

¿Sabes que la adolescencia es una de las etapas más difíciles de la vida? Quizás por eso muchas veces no entiendes que está pasando contigo. La vida está llena de preguntas que no son contestadas y muchas veces nos sentimos confundidos.

Vivimos en un mundo lleno de decisiones que nos afectan para bien o para mal. Cuando somos jóvenes quizás pensamos que los consejos de otros no son necesarios. Sin embargo, es precisamente durante la juventud cuando necesitamos dirección sobre como afrontar los problemas cotidianos.

Por tal razón *Otra Onda* ha decidido ofrecerte una solución que puede cambiar tu vida para siempre. A través de estas páginas queremos contestar algunas de esas preguntas. Es nuestro deseo que tu vida sea retada a tener una relación más profunda con Dios.

Otra Onda es un ministerio interdenominacional dedicado a alcanzar e impulsar a tu generación. Nuestra misión es:

- Alcanzar a la juventud de Estados Unidos y Latinoamérica por medio de conciertos, seminarios, cruzadas evangelísticas, conferencias, campamentos y viajes misioneros.
- Enseñar a los jóvenes a como desarrollar una relación íntima con Dios a través de su Palabra, la oración, la alabanza y la adoración.
- Establecer enlaces "Otra Onda", en diferentes ciudades de Latinoamérica y los Estados Unidos, que programen eventos para la juventud.
- Instruir a la juventud acerca de como pueden impactar sus escuelas y comunidades a través del evangelismo.

Esta serie de libros *Otra Onda* cumple con parte de nuestra meta. Permite que Dios te hable a través de estas páginas. Te invitamos a compartir nuestro sueño. Toma el reto que Él pone en tus manos y verás como te usará. ¡Atrévete a cambiar tu generación para Dios!

Did you know that adolescence is considered one of the most difficult stage in life? maybe that's why you don't understand what is going on inside of you. Life is full of unanswered questions and many times we feel confused.

We live in a world full of decisions that either make us or break us. When we are young we think that the advice of others is unnecessary. However, it is precisely during our teenage years that we need direction and input from others.

For this reason *Otra Onda* has decided to offer you a solution that will change your life. Through the pages of this book we want to provide some of the answers you are looking for. Our desire is for you to be challenged and we want to encourage you to have a deeper relationship with God.

Otra Onda is an interdenominational ministry dedicated to reach and challenge your generation. Our mission is:

- To reach the youth in Latin America and the United States through concerts, seminars, evangelistic crusades, conferences, camps and mission trips.
- To teach young people how to develop an intimate relationship with God through His Word, prayer, and praise and worship.

- To establish "Otra Onda" networks in different cities of Latin America and the United States who will organize local youth events.
- To teach young people how they can impact their schools and communities through evangelism.

This *Otra Onda* book series fulfills part of our mission. Allow God to speak to you through these pages. We invite you to share our dream–take the challenges that He has put in your hands and you will see how He will use you. Dare to change your generation!

Otra Onda
2882 Antoine
Houston, TX 77092
(713) 682-5004
www.otraonda.org

1

Tatuajes de por vida

El título de este libro nació de un taller que preparé para un evento de jóvenes. El tema lo enfoqué en una área: que todos, en alguna etapa de nuestra vida, tenemos que ser ministrados. Algunos le llaman sanidad interior. Desde que elaboré el taller, este tema es uno que expongo con frecuencia y encuentro que muchos jóvenes sufren por los tatuajes que portan. Quizás tú portas uno y no te has dado cuenta. Veamos un poco más sobre los tatuajes.

"Desde la planta del pie hasta la cabeza no hay en él cosa sana, sino herida, hinchazón y podrida llaga; no están curadas, ni vendadas, ni suavizadas con aceite." (Isaías 1:6)

¿Qué son tatuajes?

Hay tatuajes espirituales que están marcando

a nuestra juventud. Muchos jóvenes están viviendo con marcas que constantemente los mantienen en derrota a causa de malas decisiones del pasado.

¿Son dolorosos los tatuajes?

Sí, el proceso del tatuaje involucra picar la carne con una aguja llena de tinta. Es una experiencia muy dolorosa. Hay dolor en nuestra generación, el odio y la violencia se ven por todas partes. Las pandillas están matando a miles de adolescentes, peleando por algo que no vale la pena. El crimen y robo entre los adolescentes está a sus niveles más elevados que en cualquier tiempo de la historia. No hay relación entre padres e hijos. El respeto hacia los padres casi no existe y no se ven valores familiares. La juventud se revela contra la autoridad. Y todo esto son las consecuencias del dolor producido por los tatuajes.

Existen tatuajes planeados, que fueron premeditados y voluntariamente recibidos. Otros tatuajes son consecuencias de la vida, tragedias que no se pudieron evitar. En los siguientes capítulos, veremos diferentes ejemplos de tatuajes que están afectando a nuestra juventud.

2

El tatuaje de las drogas

Me gradué del octavo año en 1983, el año que conocí al Señor. En mayo de ese año tuvimos una fiesta en la casa de una de las compañeras de clase para festejar nuestro gran logro. Mi mejor amigo, que también se llama Víctor, y yo fuimos juntos a la fiesta. Éramos inseparables. La escuela a la que asistíamos era una de las escuelas de más prestigio en la ciudad. La mayoría de los estudiantes eran de clase media alta y alta. En esta clase de escuela, por lo regular estudias con el mismo grupo de muchachos años tras año. La mayoría de mi clase crecimos juntos. Todos nos conocíamos y nos llevábamos muy bien. Creo que todos vivíamos unas vidas sanas y a pesar de que no era una escuela cristiana, se veían valores familiares.

Víctor y yo fuimos a la fiesta y como a eso de

las 10:00 P.M. unos compañeros, Frankie y Peter, nos llevaron a un grupo selecto al patio de la casa. Todos estábamos a la espectativa de ver qué se tramaban. Frankie sacó una bolsa con algo que parecía pasto u orégano seco y lo enrolló en papel de cigarrillo. Era la primera vez que yo veía mariguana. Cuando vi que encendieron el cigarro lo único que pude hacer fue llorar. Todos se me quedaron viendo y entré como en un estado de conmoción sin poder decir nada. Salí corriendo y detrás de mí, mi amigo Víctor. Él me preguntó qué era lo que me pasaba, yo le dije que nuestros amigos estaban en problemas y que los podíamos perder. Miré a Víctor a los ojos y le dije muy seriamente: "Si te veo tocando la mariguana, por primera vez pelearemos físicamente y no me importa si me ganas pero trataré de darte una paliza." Él no regresó con los otros. La fiesta terminó y yo sentí una carga muy grande por mis amigos.

Entró el verano y todos los arreglos estaban listos para que el grupo de la clase se integrara a nuestra nueva escuela. Para mí, ese verano fue uno de los más impactantes de mi vida. Estaba recién nacido en el Señor y yo sabía que tenía que compartir mi fe. Dios puso en mi corazón llamar a Peter y a Frankie, pero no tenía el valor. Por semanas enteras sentía por dentro que alguien me decía: "Llámales y diles de Mí". Sabía que era el Espíritu Santo el que me hablaba, pero no tuve el valor.

Como a las dos semanas recibí una llamada de mi amigo Joe. La noche anterior se habían juntado Frankie y Peter para fumar mariguana. Peter sacó la pistola de su papá y bajo la influencia de las drogas se disparó él mismo por accidente. Su vida terminó esa noche. Me sentí tan mal por no haberles hablado del Señor, este sentir estuvo conmigo por mucho tiempo. Gracias a Dios, el Señor sanó mi tatuaje de condenación.

El nuevo año escolar comenzó y todos llegamos a la escuela el primer día tan importante que todos esperábamos. La primera clase de orentación comenzó, se pasó lista y todos estuvieron presentes. Sólo faltaba un nombre y nadie contestó por él, era el de Peter Cooney. Su asiento estaba vacío.

El tatuaje de las drogas está acabando con nuestros adolescentes. Cada día que pasa vemos jóvenes que mueren por este problema. Por correr con la ola de los amigos, las drogas los atrapan. La presión del grupo es tan fuerte que sin Dios no podrás decir no. Es importante que tu fe en Dios este muy fuerte para poder vencer la tentación. Es tan común para la juventud usar las drogas que hasta se apela para que las legalizen.

Se tiene un concepto erróneo de que para

poder tener una fiesta tiene que haber drogas. Esto es una mentira. Las personas que hacen de las drogas una dependencia nunca serán feliz. No importa cuantas fiestas y reventones te avientes, serás la persona más miserable del mundo si tienes el tatuaje de las drogas. Una vez que estás enganchado a las drogas comienza un infierno en tu vida. No podrás salir de la jaula y vivirás atrapado en una cárcel de tortura. Pero he conocido a varias personas que han logrado borrar el tatuaje de las drogas.

Veamos cómo vivió mi primo Martín:

"¡No, no sueltes el humo!", me dijo Mauricio mientras ponía su mano sobre mi boca y mi naríz, "Este no es como un cigarro normal, debes aguantar el humo adentro el mayor tiempo posible." Yo tenía catorce años y ésta fué la ocasión en que fumé mi primer cigarrillo de mariguana. El cigarrillo fué uno enrollado a medias en papel periódico y con semillas; el lugar, una construcción abandonada en un barrio cercano a mi escuela secundaria.

Después de esa ocasión, por algunos meses seguiría experimentando el fumar mariguana ocasionalmente hasta volverme adicto a ella y al sentimiento pasajero de "estar en el avión". Parecía como si finalmente había encontrado algo que me hacía sentir bien, me daba un estado diferente y que me permitía divertir y disfrutar más la vida.

El fumar mariguana me hacía sentir bien porque bajo su efecto todas mis inhibiciones se iban y yo podía divertirme. También el usar esta droga en vez de solamente tomar alcohol y fumar tabaco, como la mayoría de mis compañeros de escuela, me hacía pertenecer a un grupo de personas: "la flota". Por lo menos así lo fué por un tiempo. Ya que después descubriría que el uso de la mariguana era sólo la puerta de entrada a un nuevo mundo en el cual quedaría atrapado por los siguientes cuatro años.

Poco a poco mis amistades fueron cambiando, también cambiaron los lugares que frecuentaba, la ropa que vestía y hasta mi vocabulario. Mis compañeros y yo fuimos hundiéndonos cada vez más en ello. El abuso de las drogas ya conocidas y la emoción de experimentar drogas nuevas se convirtió en nuestro pan diario. Mientras tanto yo notaba que cada vez que me bajaba del avión (cuando terminaba el efecto de las drogas) mi realidad volvía a mí de una manera más impactante. Mi realidad era que yo me sentía incomprendido en la vida, tenía el corazón dolido por la separación de mis padres, tenía poca estima de mí mismo y mi ser clamaba por aceptación, amor y descanso.

Al terminar la preparatoria y aún en esta condición fuí invitado por mis tíos a ir de vacaciones a la ciudad de Houston, Texas. Estando en esa ciudad, mi primo me llevó a una reunión donde me expli-

caron que Jesucristo me amaba y me dijeron que Él podía sanar mi pasado y cambiar mi presente. Entonces decidí voluntariamente rendir mi vida a Jesucristo y empecé a estudiar la Biblia. Esto me transformó, Jesús sanó las heridas de mi pasado y me dio el valor para vivir mi presente.

Ahora me doy cuenta que no es el placer pasajero de las drogas lo que cambia la realidad y trae alegría. Jesucristo dijo: "En el mundo tendrán aflicción, pero confíen en mí, yo he vencido al mundo". Vivimos en un mundo que causa dolor, pero no hay herida que el amor de Jesucristo no pueda sanar, y no hay dolor que el amor de Jesucristo no pueda cambiar en verdadera alegría.

Desgraciadamente, hay personas que deciden vivir con el tatuaje de las drogas y no quieren que Jesús les borre ese dolor. Las personas que abusan de las drogas por lo regular no sólo son afectados ellos mismos sino también sus familias. Muchos llegan a tener hijos con problemas mentales. Cuidado con el tatuaje de las drogas. Si crees que de alguna forma este tatuaje está en ti, acuérdate de que si Dios logró ayudar a Martín, Él lo hará por ti.

Estadísticas:

En 1997 el Centro de Prevención de Enfermedades hizo una encuesta en las escuelas a nivel nacional. Los resultados están basados en las respuestas de 16,262 formularios contestados por estudiantes en 151 escuelas de los Estados Unidos:

47.1% de los estudiantes han usado mariguana.

8.2% de los estudiantes han usado cocaína.

Estudiantes hispanos, un 14.4%, son más dados a usarla que los anglos, un 8%.

4.7% de los estudiantes han usado crack o free-base.

2.1% de los estudiantes se han inyectado drogas ilegales.

17.0% de los estudiantes han usado drogas como LSD, PCP, hongos alucinantes, o heroína.

16.0% de los estudiantes han inhalado resistol, latas de aerosol, pintura para intoxicarse. (CDC, Youth Risk Behavior Surveillance B United States, 1997.)

3

El tatuaje del alcohol

Mi amigo Geno V tiene en su grabación un canto titulado "Take me to the Homies", el cual relata la vida de muchos jóvenes en América Latina. El canto describe una noche en la que una familia está dormida y el papá llega de madrugada, borracho como de costumbre, golpeando la puerta. El niño, lleno de temor, comienza a llorar y la mamá, llena de desesperación, abre la puerta pensando en la golpiza que le espera. Entra el papá borracho y comienza a pegarle a la mamá con todo su odio e ira. El niño trata de ayudar y también le toca una bofetada. Los vecinos llaman a la policía pero cuando entran, la madre niega que el esposo le pegó y dice que se cayó. La policía se va, el padre se duerme y al día siguiente la misma historia se vuelve a repetir.

El tatuaje del alcohol es algo muy normal en la cultura hispana. Vivimos tiempos en que los padres salen del trabajo y se gastan la mayoría de su cheque en la cerveza y el licor. Estos ejemplos producen resultados similares en los hijos. Tenemos adolescentes en el mundo que están tatuados con el problema del alcohol. Es tan común empezar a tomar desde temprana edad. La edad media en la que los adolescentes comienzan a tomar es de 13 años. La razón que comienzan tan pequeños es porque se encuentran presionados por sus amigos y no tienen el valor para decir no. En las fiestas, el centro de atracción es el famoso barril de cerveza y esto hace que los jóvenes sean presionados a tomar. Tenemos que fijarnos en qué fiestas nos metemos, si hay alcohol allí, ten la seguridad de que estás en una zona de peligro.

Las personas que han sido afectadas por este problema de tomar tienen que renunciar a este tatuaje. La mayoría de las personas que tienen problemas con el alcohol, si estudias su familia, vienen de una cadena del mismo problema. Satanás está confundiendo a los jóvenes, envolviéndolos en el tomar y desea que se haga lo más temprano posible. Los jóvenes que comienzan a tomar menores de 15 años, tienen cuatro veces más riesgos de caer en el alcoholismo que las personas que comienzan después de la edad legal de 21 años.

El alcohol está matando a más jóvenes que

ninguna otra droga. La mayoría de los accidentes fatales entre los jóvenes son relacionados con el abuso del alcohol. "Binge drinking" es una frase que se usa para describir a las personas que toman cinco o más bebidas alcohólicas en una sola ocasión. Una encuesta nacional descubrió que una tercera parte de la clase del último año de la preparatoria eran "binge drinkers". (Youth and Alcohol: Selected Reports to the Surgeon General, U.S. Department of Education 1993.)

Los encuentros sexuales que ocasionan la mayoría de los embarazos, transmisión de SIDA y violaciones ocurren entre los estudiantes mientras consumen alcohol en grandes cantidades. Este tatuaje está acabando con nuestros jóvenes, ¿estás portando este tatuaje?

Estadísticas:

82% de los estudiantes en el último año de la preparatoria han usado alcohol. (NIDA, 1997 Monitoring the Future Study, Secondary School Students).

Los estudiantes con calificaciones mediocres toman tres veces más que los que sacan 10. (Student Health Program Wellness Center, Southern Illinois University, 7/92).

31.9% de los menores de 18 años que están presos en instituciones juveniles, los encontraron bajo la influencia del alcohol en su arresto. (U.S. Department of Justice, Bureau of Justice Statistics Special Report, 9/88).

4

El tatuaje del divorcio

Cuando estaba en segundo año, vivía en Zacatecas, México, y tenía un amigo que se llamaba Favio. Él era un chico bien agradable y jugábamos juntos. Una mañana de verano me desperté temprano y decidí visitar a Favio. Cuando llegué a su casa, lo encontré llorando como loco y me asusté. No sabía qué hacer, entonces me esperé a su lado hasta que parara de llorar y me dijo: "Mi papá no regresará, se llevó todas sus cosas y nos dejó. Él tiene otra hija que está en primer grado, tiene otra mujer y se va con ellos." Yo no podía creer lo que estaba pasando.

Favio quedó tatuado como a los siete años de edad. Fue una experiencia que nunca olvidaré, me acuerdo que ese día lo único que hizo mi amigo fue llorar. Hace más de catorce años que no sé nada de Favio. Mi oración es que algún día él conozca a Jesús como su Salvador para que borre su tatuaje.

Tenemos una generación sin padres. Esto es algo muy doloroso y trae altas consecuencias que se tienen que tratar. Posiblemente ya fuiste tatuado por esto. Conozco muchos casos de adolescentes que viven en familias divorciadas y veo las consecuencias en ellos.

El tatuaje de rencor, odio y amargura es un tatuaje muy difícil de quitar, pero no imposible. La Biblia nos enseña que "Aunque mi padre y madre me dejaran, Con todo, Jehová me recojerá", Salmo 27:10.

El plan de Dios para la familia no es que se separen. La Palabra nos enseña que Él hizo a nuestros padres una sola carne. "Dijo entonces Adán: Esto es ahora hueso de mis huesos y carne de mi carne;" (Génesis 2:23). Cuando Jesús no es el que gobierna en el hogar, el diablo trata de separar a los padres. Él sabe que si logra romper un hogar tiene más oportunidad de afectar a los hijos.

Por lo general, cuando hay un divorcio o una separación se genera lo que se llama rencor u odio contra la persona que los abandonó. Esto endurece el corazón y no permite que uno sea el mismo. Hay miles de corazones endurecidos que no permiten que Dios haga Su obra en ellos. Además, eso produce raíces de amarguras que constantemente están con nosotros.

Conocí a un joven que muchas veces escuché decir: "Odio al señor que dice que es mi padre, no sé porque abandonó a mis hermanos y mi mamá." Otros dicen: "Es mejor nunca verlo o conocerlo. No siento nada por él, sólo odio". Estas palabras son muy peligrosas, ya que cada vez que confesamos y expresamos el odio por los que nos hirieron la raíz crece más. Este tatuaje de raíz de amargura trae consecuencias muy peligrosas.

Había una joven en el grupo de la iglesia que constantemente hacía cosas que demostraban que necesitaba de un padre. Su padre los dejó cuando ella era niña y esto le causó a ella muchos problemas. Para empeorar las cosas, su madre la culpaba por el hecho de que su padre los dejó. La culpabilidad en ella hacía que la situación se pusiera peor. Recuerdo que esta joven muchas veces lloraba, y mientras le ministrábamos nos decía que ella nunca se casaría, que no quería que le pasara lo que le había pasado a su mamá. En el hogar había muchos pleitos entre ella y su madre y las dos se herían con palabras. Esto siguió así por mucho tiempo y todavía sé que están batallando. Nesecitan que el Experto en remover tatuajes opere en ellas. Él es el único que puede calmar el dolor.

Estadísticas:

Los jóvenes que viven con padres solos o solteros tienen 3 a 4 veces más problemas emocionales que otros que viven con los dos padres. (Zill and Schoenbrn, National Center for Health Statistics, 1990).

84% de los adolescentes tratados por psiquiatras vienen de hogares divorciados. (1989 study, cited by Hewlett, When the Bough Breaks).

De los adolescentes que atentan el suicidio, la mayoría vienen de hogares donde no hay contacto con el padre.

75% de los adolescentes que cometen suicidio vienen de hogares con un solo padre. (Study of 752 families by New York Psychiatric Institute, Cited by Hewlett).

35% de los adolescentes sin padres usan drogas (Elshtain, The Christian Century, 1993).

Los adolescentes que vienen de hogares rotos tienen más problemas académicos que los que viven con sus dos padres (National Assoc. Of Elementary School Principals report, cited by Hewlett).

De los adolescentes que vienen de hogares rotos, la mayoría no terminan la universidad (Wallerstein, Family Law Quarterly, 1986).

Los adolescentes que vienen de hogares con divorcio tienen dos veces más riesgo de involucrarse en el crimen. De los criminales, el 72% de asesinos, 60% de violadores y el 70% de criminales en las cárceles vienen de hogares donde faltó el padre (US Department of Justice data, 1991).

5

El tatuaje de la rebeldía

Uno de los problemas más comunes dentro de la adolescencia es la rebeldía. El hecho de que hay muchos cambios hormonales en nuestro cuerpo nos da un desbalance que hace que se actúe con rebeldía. Al decir esto, no estoy diciendo que está bien revelarnos contra nuestros líderes, padres y autoridades. Es importante notar como adolescente que existe el problema y se tiene que controlar para que no se convierta en un tatuaje.

En mis primeros años de pastorear jóvenes, conocí a un muchacho que llamaremos Pancho. Él llegó al grupo cuando tenía 12 años porque su mamá comenzó a congregarse en la iglesia. En el grupo era de los que traían los mejores zapatos, ropa de marca y todos nos admirábamos de cómo siempre tenía lo más nuevo. Pancho comenzó a involucrarse de una manera muy intensa en el grupo. Participaba en todo e invitaba a sus amigos a las reuniones. Algunos de los jóvenes que invitó ahora son líderes en nuestra iglesia.

Pasaron los años y cuando tenía 15 años su vida dio un giro muy rápido. Su mamá me comentaba que estaba fallando en la escuela y que les comenzaba a contestar muy mal a otras personas. Me propuse visitarlo y ayudarle. Después de cada consejería yo pensaba que la cosa se compondría, pero la situación fue de mal en peor. Pancho dejó de ser fiel en su asistencia a las reuniones y se apagó completamente su vida espiritual. A la edad de 16 años, se involucró sexualmente con una joven, ella quedó embarazada y tuvieron que casarse. Los dos asistían a la iglesia cada vez que llovía, o sea muy poco. Me dolía mucho que estos jóvenes, siendo adolescentes, tenían que vivir como adultos. Después de un año de casados las cosas empeoraron. Pancho comenzó a hacer lo peor que pudo hacer con su vida: se involucró en las drogas y comenzó a robar para sobrevivir. Su esposa lo dejó y empezó a salir con otros jóvenes. Esto destrozó a Pancho y lo llenó de ira.

El día de hoy Pancho está sentado en una cárcel, pagando por los errores que cometió. El tatuaje de rebeldía marcó a Pancho por toda su juventud. Los mejores años de su vida los tiró por no escuchar el consejo de sus líderes y autoridades. Espero que cuando salga de la cárcel pueda encontrar la paz que Jesús da y decida borrar su tatuaje.

¿Qué dice la Biblia tocante a la rebeldía? "Porque como pecado de adivinación es la rebelión, y como ídolos e idolatría la obstinación. Por cuanto tu desechaste la palabra de Jehová, él también te ha desechado para que no seas rey," I Samuel 15:23.

La rebeldía es un pecado grave que la escritura compara con la adivinación o la hechicería. De acuerdo a Gálatas 5:20, estos pecados son obras de la carne y los que practican las obras de la carne no heredarán el reino de los cielos.

Dios siempre está dispuesto a perdonar y a restaurar la relación con sus hijos, el problema surge cuando nos encontramos metidos de lleno en la rebeldía.

Estadísticas:

Cada día en Estados Unidos 1,629 jóvenes son puestos en cárceles para adultos.

Cada día en Estados Unidos 1,512 jóvenes se salen de la escuela.

Cada día en Estados Unidos 3,288 niños huyen de su hogar. (Children's Defense Fund, as reprinted in Dateline Dream, August/September 1995).

6

Tatuaje del abuso sexual (violación)

El tatuaje del abuso sexual es uno de los tatuajes más dolorosos que existen. Desafortunadamente es tan común en la sociedad en la que vivimos que ya no es tan alarmante como lo era antes escuchar de tragedias como éstas.

Este tatuaje es uno de los que yo llamo tatuaje no-voluntario. Es algo que no es premeditado, surge por desgracia, es muy serio y no se debe de ignorar. Este tatuaje destruye y tiene que ser sanado. Te comparto una historia que conozco personalmente.

En una de las células de jóvenes de mi iglesia llegó una jovencita de 13 años. Tina decidió servir a Jesús y todos le estábamos ayudando. La situación en su hogar estaba muy mal. Su padre no vivía en casa, y ella y su mamá estaban muy separadas. Su comienzo con el Señor fue bueno y parecía que Tina sobreviviría la vida que llevaba.

Un sábado Tina aceptó la invitación a salir con unas de sus amigas a una fiesta de la escuela. Tina sabía que no debía aceptar esta clase de invitación pero lo hizo. Al terminar la fiesta unos amigos las invitaron a dar una vuelta en su carro. Ella no quería ir, pero como andaba con sus amigas y andaban juntas no tuvo muchas opciones. Al subir al carro les prepararon unas bebidas que parecían agua fresca y ellas se las tomaron. Durante el viaje le comenzó a dar mucho sueño y se quedó dormida. Al día siguiente despertó en la casa de una amiga y estaba muy adolorida. Sabía que algo había pasado el día anterior, se sentía muy mal y confundida. Sus partes privadas estaban adoloridas y tenía mucho miedo. No le dijo a nadie lo que había ocurrido y dejó que el tiempo pasara. Tina no sabía que ese sábado en la noche había entregado su virginidad a alguien que no conocía.

A Tina le robaron lo más precioso y puro que una adolescente puede tener: su virginidad. Después de dos meses Tina se enteró de que estaba embarazada. Hasta el día de hoy el joven que había abusado de ella no ha aparecido y no se sabe donde está. Gracias a Dios, Tina nunca aceptó el "consejo" que muchas personas le dieron de abortar. Ahora ella tiene un precioso bebé a quien ama mucho.

Este caso es un tatuaje con el que Tina tiene que vivir por el resto de su vida. El dolor ya fue quitado por Cristo pero siempre existirá la evidencia de lo que pasó. Dios tiene la manera de volver nuestro dolor en gozo.

Estos tatuajes no marcan únicamente a las jovencitas, existen casos de abusos sexuales entre jóvenes varones. Quizás de pequeño alguien abusó de ti y constantemente recuerdas esa pesadilla. Si los casos entre los varones no se tratan, muchas veces eso se convierte en una puerta abierta al homosexualismo u otras desviaciones sexuales. Otro problema entre los que han sido afectados por este tatuaje es que se llenan de odio y rencor contra sus violadores. Esto se convierte en una raíz de amargura que da paso a un desbalance emocional. En el área matrimonial, esto puede causar desastres.

Joven, quizás tú también estás viviendo con este tatuaje, deja que Cristo te sane y te ayude a aceptar la situación. No te dé pena contarle a tus líderes y a tus padres lo que te pasó. La mayoría de las personas que sufren por este tatuaje de violación no lo quieren confesar porque se sienten que otros los van a condenar. No fue tu culpa y tienes que aceptar que necesitas ayuda. Sal de la trampa en la que vives, deja que Dios sane el tatuaje.

Estadísticas:

En Estados Unidos, 1.3 mujeres son violadas cada minuto. Esto equivale a 78 violaciones cada hora, 1872 violaciones cada día, 56,160 violaciones cada mes, 683,280 violaciones por año.

Una de cada tres mujeres será molestadas sexualmente durante su vida.

En un 61% de los casos de violaciones, las víctimas tienen menos de 18 años.

78% de las personas violadas conocen a su violador.

Sólo 16% de las violaciones son reportadas a la policía. (National Victim Center Report, April 23, 1992).

7

El tatuaje sexual (planeado)

Los valores familiares son menos importantes cada día y se está perdiendo la importancia de la virginidad. Hay personas que se la pasan de cama en cama, entregando su cuerpo a quien sea y no se han detenido para darse cuenta que el plan de Dios es contrario a lo que ellos creen.

El placer sexual fue planeado únicamente para disfrutarse dentro del matrimonio. Es algo sagrado y precioso que uno guarda para entregárselo a la persona con la que decida unir su vida para siempre en matrimonio. La verdad es que tenemos muchos jóvenes que llegan a su luna de miel y entregan las sobras de lo que repartieron por muchas partes. Para los tatuados se convierte en una noche más para marcar en la lista. Joven, no defraudes a tu futuro cónyuge.

Este tatuaje está destruyendo a la juventud y es difícil de borrar. Este problema puede llegar a un estado de adicción. Los noviazgos se han vuelto un laboratorio para experimentar con las cosas sexuales. Los novios son exigentes con las novias y les piden que les den algo que no tienen el derecho de pedir: una muestra de amor que lleva a la destrucción. Lo peor de todo es que las jovencitas son tan ignorantes que se lo entregan sin saber que estos jóvenes ya han recibido otras "muestras" de otras personas y que lo único que han hecho es usar la experiencia como una medalla más para su uniforme.

Si tú le das tu virginidad a alguien, créeme que estarás en boca de tantos jóvenes y llevarás muchos dolores en tu juventud. Si abusas de esto te convertirás en un limón usado. ¿Qué cosas hay en un limón recién cortado? Se encuentra mucho jugo y se usa para sasonar o dar sabor a algo. Supongamos que estamos en una cena y se sirve un consomé de pollo. La mayoría de las personas pedimos limón para darle un mejor sabor al consomé. ¿Qué pasa cuando partimos el limón y todos lo usamos? Llega el momento en que al limón lo único que le queda es la cáscara. No hay razón para guardar el limón y se tira a la basura. Hay miles de adolescentes que han andado como limón usado, que han pasado por las manos de tantas personas que están exprimidos. Dios ha prometido restaurarnos, perdonarnos y darnos nuevo jugo para volver a ser un buen limón. No caigas en la mentira de, "Si me amas, demuéstralo." Si esa persona te ama, no te pedirá hacer algo que va en contra de los principios de Dios. Mantente puro para Dios.

El abuso sexual voluntario es una arma mortal. Los casos de SIDA y de enfermedades venéreas se están viendo más que nunca en nuestra generación. La situación está fuera de control. Tenemos a niños que son activos sexualmente y que cuando llegan a la adolescencia, tienen su mente distorcionada y afectada y no saben distinguir entre lo bueno y lo malo.

El resultado más triste de experimentar con el sexo fuera del matrimonio es el de quedar embarazada. Hay muchas niñas teniendo niños. Peor aún, hay muchas niñas abortando niños. No te dejes atrapar por el tatuaje del sexo y no intercambies lo más puro que Dios te ha dado por unos minutos de placer. Dios quiere que te mantengas puro para Él.

¿Qué pasa si ya te encuentras tatuado? Dios quiere que dejes que Él borre tu dolor y que le dejes restaurar tu virginidad espiritual. Recuerda que Dios desea lo mejor para sus hijos y que Él te dará lo mejor en su tiempo.

Estadísticas:

Un 48.4% de los estudiantes en Estados Unidos han tenido relaciones sexuales durante su vida.

7.2% de los estudiantes comenzaron a tener experiencias sexuales antes de los 13 años.

16.0% de los estudiantes han tenido relaciones sexuales con más de cuatro personas.

De los estudiantes que son activos sexualmente, el 56.8% usa condones, y el 16.6% usan pastillas anticonceptivas.

Un 24.7% usa drogas o alcohol antes de tener relaciones sexuales. (CDC, Youth Risk Behavior Surveillance B United States, 1997. MMWR 1998;47 (N0. SS-3).

En un día, 2,795 adolescentes se embarazan en los Estados Unidos. En un día, 7,742 adolescentes tienen alguna clase de experiencia sexual. En un día, ocurren 1,106 abortos entre los adolescentes. (Children's Defense Fund, as reprinted in Dateline Dream, August/September 1995).

Más de cuatro de cada diez adolescentes de 14 años de edad quedarán embarazadas en su adolescencia. Aproximádamente 1.1 millones de adolescentes quedan embarazadas en un año y la mitad de éstas pierden el bebé o lo abortan. (National Campaign to Prevent Teen Pregnancy and National Center for Health Statistics).

8

El tatuaje del abuso físico

Un tatuaje muy común entre los hispanos es el tatuaje del abuso físico. En Latinoamérica, se vive una mentira que se llama machismo. Los hombres piensan que son más hombres cuando pueden descargar su dolor, odio y rencor sobre los que le rodean. Por lo regular los que cargan con este dolor son los hijos y la esposa. La Biblia nos instruye a corregir a nuestros hijos y a disciplinarlos (Proverbios 22:15). Se menciona la vara de correción para los hijos, pero no dice nada de la "hebilla", el "látigo", o el "bate" de corrección. Desafortunadamente hay miles de adolescentes que han sido marcados por esto y se tienen que dar cuenta que necesitan ser sanados.

Este tatuaje trae mucha vergüenza y es difícil compartírselo a otros. Recuerdo cuando me avisaron de la probabilidad de que uno de los adolescentes a los que yo ministraba sufría de abuso físico. Resulta que este joven vivía con su mamá y su padrastro. Comencé a investigar qué era lo que pasaba y varias veces me encontré entre la espada y la pared. Cuando yo lo confrontaba para que me dijera si estaba siendo abusado, él no decía nada y lo negaba todo. Lo único que respondía cuando se le preguntaba sobre los moretones era que se había caído. A veces uno piensa que los cuentos del padrastro malo no existen, pero después de haber ministrado a muchos jóvenes he comprobado que las historias son verdaderas.

He encontrado muchos casos. Algunos he podido ayudar, otros no. Lo cierto es que mientras no compartan su dolor no se puede hacer nada. Lo más triste de todo es que estos tatuajes son los que se quedan grabados y cuando llegan a tener hijos descargan la misma ira que tenían sus padres o padrastros contra ellos. La misma historia se repite y comienzan a tatuar a una nueva generación. Si tú eres víctima de este tatuaje, probablemente estás viviendo lo que tus padres sufrieron en su niñez. Lo que tienes que hacer es asegurarte de que tus hijos no sufran lo que tú sufres o sufriste. La única manera de romper con esto es dejar que Jesús borre el tatuaje del abuso físico.

Hay varias consecuencias de este tatuaje. Primero, la inseguridad—la mayoría de las personas que han sido abusadas físicamente se sienten con falta de seguridad propia. Ellos pierden toda confianza personal y creen que nunca llegarán a alcanzar sus sueños o metas. No hay razón para esforzarse y se convierten en conformistas. La creatividad es bloqueada y se vive bajo temor. Se les hace muy difícil confiar en otros y se les dificulta trabajar en equipo. La Biblia nos enseña que ". . . no nos ha dado Dios espíritu de cobardía, sino de poder, de amor y dominio propio", (2 Tim. 1:7).

Segundo, el rencor y el–el crecer en un hogar donde hay o hubo abuso físico traerá mucho rencor y odio contra los abusadores. Cuando el adolescente llega a tener la edad para devolver el abuso lo hará. El hogar se convierte en un campo de batalla porque se devuelven las bofetadas y cinturonazos. Si no se los regresan al abusador los regresarán a sus hijos y a los hijos de sus hijos.

Tercero, malos recuerdos–el enemigo e recuerda a los que han sido abusados a los tiempos de abuso y esto estorba el desarrollo de lo que Dios está haciendo en sus vidas.

Si tú has sido afectado por este tatuaje, te animo a que dejes que Dios sane todo lo que has sufrido y entiendas que contigo se debe romper la maldición del abuso en tu familia porque tú dejarás que Jesús te sane y rompa con el tatuaje doloroso del abuso físico.

Estadísticas:

Cada día en los Estados Unidos, 1,849 niños son abusados físicamente. (Children's Defense Fund, as reprinted in Dateline Dream, August/September 1995.

Más de uno en cada cuatro estudiantes de la Preparatoria experimentarán violencia física estando en una cita con el novio. (Levy B Dating Violence, 1991).

Un estudio en la Universidad de Middle Tennessee State University de 202 estudiantes encontraron esto: el 65% reportaron haber recibido abusos físicos muy severos. 17% fueron heridos. 4% tuvieron que ver un médico. 2% fueron hospitalizados. (American Psychological Association. Aug. 8, 1997. Study by Carol D. Wilson and Mary Ellen Fromuth, Ph.D.)

9

El tatuaje del abuso verbal

En inglés, hay una rima de niños que dice: "los palos y las piedras pueden herir mis huesos pero las palabras nunca me dolerán". Esta rima es una mentira.

Las palabras o la lengua tienen el poder de maldecir o bendecir. Todo lo que nosotros confesamos con nuestros labios tiene poder y tenemos que fijarnos en las palabras que salen de nuestra boca. La Biblia nos enseña en Santiago 3 que, "así también la lengua es un miembro pequeño, pero se jacta de grandes cosas. ¡He aquí, cuán grande bosque enciende un pequeño fuego!", versículo 5. En el versículo 8 añade: "pero ningún hombre puede domar la lengua, que es un mal que no puedo ser refrenado, llena de veneno mortal." Finalmente, el versículo 9 nos dice: "Con ella bendecimos al Dios y Padre, y con ella maldecimos a los hombres, que están hechos a la semejanza de Dios." Lo que la Palabra nos demuestra es que nos debemos fijar en lo que sale de nuestra boca porque tiene el poder de afectar o tatuar a alguien por el resto de su vida.

Cuando tenía alrededor de 15 años, formaba parte de un grupo de amigos que éramos inseparables. Todos los integrantes de este grupo nos considerábamos amigasos y procurábamos pasarla siempre juntos. Como en muchos grupos de amigos, había uno que era al que todos le haciamos bromas y burlas. Vamos a llamarle Tito. Siempre terminábamos haciéndole la vida imposible a Tito. Sin darnos cuenta, con nuestra burla y con las cosas que le decíamos lo estábamos tatuando.

Recuerdo que una noche nos quedamos solos en la casa de un amigo cuyos padres habían salido y la casa nos la dejaron toda para nosotros. El año escolar estaba a punto de terminar y estábamos platicando del próximo año. Recuerdo que Tito tenía muchos problemas de aprendizaje y las cosas pintaban que él tendría que repetir el sexto grado por tercera vez. Cuando él nos contó esto, todos nos tiramos al piso a reírnos y comenzó una buena media hora de burlas y risas. Sin darnos cuenta de lo que hacíamos, estábamos destruyendo por dentro a Tito.

Él, con sus ojos llenos de lágrimas, corrió y se encerró en el baño y nos dijo que quería suicidarse. Tito prendió el gas del calentador y tenía una caja de cerillos con él. Nos entró una convicción y nos dimos cuenta de que lo que habíamos hecho estaba mal. Lo único que pudimos hacer fue gritarle a Tito que nos perdonara y comenzamos a decirle que para nosotros él era muy importante. Todos comenzamos a orar. Después de unos veinte minutos, Tito quitó el seguro de la puerta y nos dejó entrar. Lo primero que hicimos fue abrazarlo y pedirle perdón. Después de este incidente nunca más usamos a Tito como el centro de nuestras burlas y chistes. Sin querer, todos poco a poco habíamos marcado a uno de nuestros mejores amigos. Nunca olvidaré esa lección.

Hay muchas personas como Tito. Personas que han sido tatuadas por amigos y por familiares. Es común escuchar a nuestros padres decir: "¿Por qué no eres como tu hermano?". "Te pareces al holgazán de tu padre." "Nunca llegarás a ser alguien en la vida". Si tú has sido marcado por una situación así y te encuentras tatuado, te quiero decir que Dios cree en ti. Él te ve como su hijo, digno de su amor. Él ha prometido darte esperanza y un futuro en Él. Busca Jeremías 29:11. Dios siempre cree en nosotros y está dispuesto a borrar todo el dolor que las palabras de otros han causado.

Estadísticas:

Una de cada cuatro mujeres son abusadas verbalmente.

Si uno crece un una casa en donde hay abuso, es muy probable que esto le afecte en su vida romántica.

Muchas personas tratan de justificar el abuso verbal que sufren.

10

El tatuaje de la depresión

El tatuaje de la depresión está atacando a muchos de los jóvenes en estos días. Según el diccionario "The American Heritage Dictionary" la depresión es "una condición psíquica o neurótica que se caracteriza por una inhabilidad de concentración, insomnia y un sentimiento de mucha tristeza y falta de esperanza. Una reducción en actividad y fuerza. Una reducción en el vigor y actividad fisiológica."

Hay varias razones por las que las personas llegan a este estado peligroso. Una de esas razones es el fracaso. Todos hemos fracasado en algo. El hecho de que fracasaste no quiere decir que todo se ha acabado. Nunca es tarde para volver a empezar. La depresión llega cuando nuestros fracasos son el centro de nuestra vida. Todo lo que hacías y anhelabas en la vida estaba en el área en la que fracasaste.

No debemos hacer tesoros en la tierra. Muchas veces tenemos tesoros emocionales fijados en personas que, como humanos que son, van a fallar. Los adolescentes pueden sufrir de depresión cuando alguien en que ellos depositaron todo su amor los traicionan. No hay amor perfecto, sólo el de Dios.

Tenemos jóvenes que cambian de novia cada fin de semana y no se dan cuenta que cada vez que comienzan una relación están siendo expuestos a la depresión. Joven, no entregues todo tu corazón a alguien que lo puede romper. Si alguien te deja, recuerda que Dios nunca te deja y que en el momento más difícil de la vida, Él estará a tu lado para ayudarte.

Los problemas familiares, especialmente cuando hay divorcio, son otra razón por la que existe la depresión entre los adolescentes. Recuerdo a Perla, quien entró en nuestro grupo hace como dos años. Ella, con 13 años de edad, llegó porque sus padres estaban pasando por un divorcio y necesitaba ayuda. Después de estudiar el caso se le dio consejería a los padres, pero no dio resultado. Ellos tenían una sola cosa en mente–el divorcio. Perla comenzó su viaje por el infierno del divorcio. Recuerdo días en que se quedaba sola llorando después de la reunión y no quería regresar a casa porque lo único que veía era a sus padres pelear.

En menos de un año, Perla había estado en más de tres escuelas, había huido de la casa varias veces, estaba reprobando todas sus materias y entró en una depresión. Finalmente, lo que más me temía que pasara, pasó. Perla decidió huir de la casa y se consiguió un novio que le prometió cuidarla. Los dos se fueron a vivir a un centro de ayuda para jóvenes (aparentemente el muchacho estaba pasando por lo mismo que Perla). Como un mes después de estar viviendo en el centro, ella nos visitó y nos dimos cuenta que la cosa estaba peor. Su condición física era mala y su vida estaba hundida en un estado de depresión. No ha sido fácil para Perla, pero gracias a Dios hoy día ella se está recuperando de esta crisis que la destrozó. Si tú estás pasando lo mismo, acuérdate que hay alguien que sabe todo y te comprende.

Otra de las causas de la depresión es la pérdida de una persona amada. El dolor de perder a alguien que amas es algo serio. Preguntas que nunca serán contestadas vienen a la mente y nos atormentan: ¿por qué se tuvo que ir tan joven? ¡Señor, yo todavía la necesito! Si tú lo puedes todo, ¿por qué no la sanaste? Esas son preguntas que sólo Dios puede contestar. Lo que sí te puedo decir es que Dios es omnisciente, todo lo sabe. ¿No crees que Él tiene una muy buena razón por la cual se llevó a tu familiar o amigo? Piensa que la persona que se fue está contenta porque está en la presencia de Dios. Esto debería ayudarnos a cerrar la puerta a la depresión. Dios siempre cuidará de ti. No te dejará, ni te desamparará.

Una de las consecuencias más peligrosas de la depresión es el suicidio. Esta es una puerta fácil que proviene unicamante de Satanás. No debes abrir esa puerta. Hay muchos adolescentes que no tienen el valor para enfrentar la situación en la que se encuentran, y consideran mejor opción acabar con sus vidas. Lo único que Satanás quiere es que le creas la mentira del suicidio. Jesús dice que Él es el camino, la verdad y la vida. Deja que el amor y comprensión de Jesús borren todo pensamiento negativo y el tatuaje de la depresión.

Estadísticas:

20.5% de los estudiantes en Estados Unidos han considerado seriamente el suicidio durante los últimos 12 meses.

15.7% de esos estudiantes habían hecho planes específicos de suicidio. (CDC, Youth Risk Behavior Surveillance B United States, 1997. MMWR 1998;47 No. SS B 3).

En un día, 6 adolescentes se suicidan en los Estados Unidos. (Children's Defense Fund, as reprinted in Dateline Dream, August/September 1995.

11

Cómo borrar tus tatuajes

Como vimos al principio del libro, los tatuajes son permanentes. Cuando uno decide ponerse un tatuaje, queda marcado por el resto de su vida. Sé que hay personas que están arrepentidas de haberse tatuado. Muchas personas pretenden borrarse el tatjuaje poniéndose otro encima. Quizás se pongan un tatuaje más grande para cubrir el tatuaje pequeño, pero lo cierto es que el más pequeño no se borró, sigue ahí debajo del otro. No importa lo que trates de hacer, tu vida ha sido marcada y las evidencias siempre se verán.

Existe un tipo de cirugía que borra los tatuajes pero no los pueden quitar por completo, siempre hay una marca o cicatriz; la evidencia de que existió el tatuaje. Quizás tú eres una de estas personas que está arrepentida de haberse puesto un tatuaje. Si tú eres una de estas personas, te quiero dar una buena noticia. Conozco a un doctor que puede borrar todos los tatuajes de tu vida. Este doctor es el único que tiene el poder para hacer las cosas nuevas. Él te puede borrar todas las marcas de tu vida. Él tiene la manera de restituir todo lo que el enemigo te robó y lo que te marcó. Este doctor se llama Jesús. Él está listo para ayudarte pero hay ciertos pasos que tienes que tomar para que Jesús te borre los tatuajes.

1. Acepta que estás tatuado

Lo primero que necesitas para que Dios te borre los tatuajes es aceptar que estás tatuado. Hay personas que saben que están tatuadas, pero no lo quieren admitir. El enfermo no puede ser sanado si no busca al doctor y acepta que está enfermo. Nadie puede forzarte a recibir la sanidad. Esto es algo voluntario. Para que tú puedas recibir ayuda de lo alto tienes que estar dispuesto a aceptar que estás tatuado y tener las ganas de borrar todos los tatuajes, no sólo los que crees que pasaron de moda. Dios no sólo quiere quitarte unos tatuajes, quiere borrarte todos.

He visto muchos casos de adolescentes que viven frustrados por no querer aceptar su problema. Ellos pasan toda su vida con estos tatuajes y hasta envejecen y se mueren tatuados. El tatuaje puede que sea obvio a los demás, pero para él se le hace muy difícil vivir con la realidad del problema. El problema es algo espiritual y si no se trata, se puede volver en algo que se llama raíz de amargura o dolor interno que cuando uno toca el tatuaje es como si se tocara un gatillo, y dispara. Los resultados de estos tatuajes se ven y son manifiestos en muchas maneras que nos hacen actuar raramente. No dejan que las personas sean como Dios los creó.

Joven, no seas necio, date cuenta de que estás tatuado y déjate sanar por el Señor.

2. Haz una lista de los tatuajes

El segundo paso es escribir una lista de los tatuajes que tienes y las cosas que causaron que quedaras tatuado. Es necesario escribir con detalle todos los efectos que han traído a tu vida. Quizás esta lista será difícil de escribir, pero tienes que buscar la fuerza de Dios. Si hay muchos tatuajes en tu vida y crees que son demasiados para recordar y escribir, pídele al Espíritu Santo que te los traiga a la memoria. Él conoce todo, creeme que se dará cuenta de los que te falten en la lista. Hay pecados que son generacionales. Esto quiere decir que fuiste tatuado por acciones que hicieron tus abuelos o padres. El Espíritu Santo te puede traer a la mente ciertas cosas con las que constantemente batallas y te mantienen en derrota. Puede ser que sean pecados generacionales que tienes que borrar. Es bueno que también escribas los pecados con los que constantemente batallas.

Te sugiero que hagas esto en un lugar privado donde puedas desahogarte, llorar y gritar si es necesario. Esta lista es algo privado para ti y por esa razón posiblemente sea mejor que no la compartas con muchas personas. Sólo hazlo si sientes que lo tienes que compartir con tus padres o tu pastor, consejero o líder de jóvenes. En oración pídele al Señor que te dé valor y que te traiga a memoria todos los tatuajes de tu vida.

3. Escribe el nombre de las personas que te afectaron

En la lista de tatuajes que has indentificado en tu vida, es necesario que escribas el nombre de todas las personas que te afectaron y porque te afectaron. Esta lista no sirve de nada si no mencionas a los que ocasionaron el problema. En varios casos, quizás no sabrás quién fue la persona que te afectó, pero Dios sí lo sabe. Si no tienes conocimiento, sólo describe cómo fuiste afectado, el Señor se encargará de lo demás.

4. Pídele a Dios perdón por los tatuajes, cierra las puertas y renuncia a los tatuajes

Después de hacer tu lista de tatuajes con el nombre de las personas que te afectaron y las consecuencias del tatuaje, tienes que pedirle perdón a Dios por haber abierto puertas que quizás causaron el tatuaje. En oración, comienza a pedirle perdón a Dios por todo lo que ha pasado en tu vida. Cada vez que fuiste tatuado, le abristes las puertas al enemigo para destruir tu vida. Ahora por medio de la confesión, estas puertas serán selladas por el poder del Espíritu Santo y nadie las podrá abrir. Tienes que literalmente mencionar cada tatuaje y renunciar a toda la lista. Después de renunciar y de pedir perdón en voz audible tienes que pedirle a Dios que selle toda puerta que se abrió y que nunca se vuelva a abrir. Pide que Dios ponga un candado a las puertas que cerró y que tire las llaves en el fondo del mar. Nunca más se abrirán esas puertas.

5. Perdona a todas las personas que te han herido

Una vez que las puertas están cerradas, tienes que perdonar a las personas que te afectaron. Este proceso es uno de los más difíciles. Para que esta terapia tenga resultados, no podemos tener la actitud de "yo perdono, pero no olvido". Tienes que estar dispuesto a perdonar a cada una de las personas que te han afectado, por mucho que te hayan herido. Si no hay perdón, Dios tampoco puede perdonarnos y no puede terminar el trabajo de remover tus tatuajes. El perdonar no es fácil y puede llevar un tiempo para que se lleve a cabo. Recuerda que Jesús nos dejó el mejor ejemplo de perdonar. Él fue abandonado por sus amigos cuando lo aprendieron los soldados y después de la resurrección fue y buscó a sus discípulos para decirles que los amaba y que había resucitado. Jesús fue bofeteado, azotado, escupido y humillado más. Sin embargo, Él dijo: "Padre perdónalos porque no saben lo que hacen".

Recuerda que somos llamados a ser como Jesús. Pablo dijo: sed imitadores de mí como yo soy de Cristo. Tienes que perdonar y dejar que Dios te borre todos los tatuajes.

6. Pídele a Dios que borre de tu memoria los tatuajes de tu vida

El último de los pasos para borrar tus tatuajes es que una vez que perdones a todos los que te afectaron, pídele a Dios que borre de tu mente todos los tatuajes. Que nunca más vuelvas a recordar las malas experiencias que sufriste. Dios ha prometido renovar nuestra mente y lo hará. Si tú verdaderamente llevas a cabo cada paso dado para la sanidad de los tatuajes, el Señor te limpiará de todo y te dará la oportunidad de volver a empezar–sin tatuajes. Dios es el único que puede quitar cada herida de tu corazón y borrar los tatuajes.

7. Pídele a Dios que te llene de su Espíritu Santo

Ahora que has borrado los tatuajes de tu vida, ha quedado un espacio vacío que antes ocupaba el tatuaje. Es tiempo de llenarlo con la presencia del Espíritu Santo. Tienes que llenarte de Dios y buscarlo por medio de su Palabra y de la oración. El Espíritu Santo es el que con su fuego nos llena y nos consume. Es el que se encargará de terminar la buena obra que Dios ha comenzado en nosotros. Filipenses 1:6 dice: "estando persuadido de esto, que el que comenzó en vosotros la buena obra, la perfeccionará hasta el día de Jesucristo".

¿Qué debes hacer con la lista después de haber terminado con ella?

Tírala, porque ya no es parte de tu vida. Rómpela y deja que se vaya a la basura, tu vida nunca más será tatuada y has sido completamente sanado. Yo lo he visto en cientos de jóvenes a los que Dios me ha dado la oportunidad de ministrar. Cada vez que ministro este tema muchos jóvenes piden oración y tengo la fe de que a cada uno de ellos Dios les ha borrado sus tatuajes. Le doy gracias a Dios por cada joven que será tocado y sanado cuando lea este libro. Le doy gracias a Dios por ti, joven, que lees estas páginas, porque cada tatuaje que tenías ha sido borrado. A Jesús sea la gloria y la honra por siempre.

1

Tattoos for Life

You may be wondering where a title such as *Tattoos for Life* came from. Sometime ago, I was asked to give a workshop at an event, and I entitled the workshop "Life's Tattoos." The part of the theme I chose to focus on was that everyone needs to be ministered to at one time or another during their lifetime. This is what I call inner healing.

Since working up this theme, I have been able to share it in various places, and I have come to the realization that many young people are suffering because of the tattoos with which they have been marked. Perhaps you are wearing a tattoo that you don't even know about. Let us talk a little more about tattoos.

"From the sole of the foot even to the head, there is no soundness in it, but wounds and bruises and putrefying sores; they have not been closed or bound up, or soothed with ointment" (Isa. 1:6).

What are Tattoos?

There are spiritual tattoos that are marking our youth. Due to poor choices or decisions, we are living a marked existence, one plagued by defeat.

Are Tattoos Painful?

Yes, the process of tattooing involves pricking the skin with an ink-filled needle. It is a very painful experience. There is pain in our generation–hate and violence are evident everywhere. Gangs are killing thousands of young people, fighting for something that isn't really worth it. Crime and robbery are at their highest levels ever. Relationships between parents and children are non-existent. There is very little respect for parents and family values are nowhere to be found. Young people rebel against any and all authority. All this is a consequence of the pain caused by tattoos.

Some tattoos are premeditated, planned, and voluntarily received, but others are inflicted by life. Tragedies that could not be avoided. In the next chapters, we will identify and talk about some of the tattoos that are affecting our young people.

2

The Drug Tattoo

I graduated from eighth grade in 1983, that same year I met the Lord. In May of 1993, we had a party at one of my friend's houses to celebrate our great accomplishment. My best friend, also named Víctor, and I went to the party. We were inseparable. My school was rather prestigious, and in this type of school the same group of kids go all the way through school together. We all knew and liked each other. I thought that all of us led pretty good lives, and although it wasn't a Christian school, you could see family values there.

So, Víctor and I went to the party where some classmates, Frankie and Peter, took a few of us out into the backyard. We were all waiting to see what was going to happen. Frankie took out a bag filled with something that looked like grass (or dried oregano) and rolled some up in cigarette paper. That was the first time I had ever been exposed to marijuana. When I saw them light that marijuana cigarette, all I could do was cry. Everyone was looking at me. I went into a state of shock and was not able to speak. I ran out with my friend, Víctor, right behind me. He asked me what was wrong and I told him that our friends were in serious trouble and that we could lose them. I looked Víctor straight in the eye and told him if I ever saw him touch marijuana, that would be the first time we would have a fight and even if I lost, I would try to teach him a lesson. He didn't go back with the others.

Summer vacation began and everything was set for all of us to enter our new school. I'll never forget that summer. I was a new Christian, and I knew that I had to share my faith. For weeks I felt the Holy Spirit prompting me to call Peter and Frankie and tell them about Jesus, but I didn't have the courage to do it.

About two weeks later, I received a call from my friend, Joe. The night before he called, Frankie and Peter got together to smoke some marijuana, Peter took out one of his father's guns and, under the influence of marijuana, accidentally shot and killed himself. Peter's life ended that night. I felt so bad for not having shared the Lord with them that this feeling stayed with me for a long time. Thankfully, God healed me of condemnation.

The new school year began and we all arrived for that first day of high school. Roll was called and we were all present. There was only one name that wasn't answered to: Peter Cooney. His seat was empty.

The drug tattoo is slowly destroying our teenagers, and everyday we see more of them killed by the effects of this tattoo. Drug use is so common and widespread that certain factors of society want to legalize their use. Many are caught in its web because they want to go with the flow. The group pressure is so strong that without the Lord, you really can't say no. It is so important for you to be strong in your faith so that you can overcome the temptation.

Many erroneously believe that to have a party there has to be drugs. This is a lie. People who become dependent on drugs will never be happy. It doesn't matter how many parties and blowouts you go to, you will be the most miserable person around if you have this drug tattoo. Once you are hooked, your life becomes a hell. You won't be able to get out of the cage and you will live trapped in a tortuous jail. But there is still hope. I know people who have, with God's help, erased the drug tattoo from their lives. Let's look at my cousin Martin's story.

"No, don't let the smoke out!" said Mauricio as he put his hand over my nose and mouth. "This isn't like a regular cigarette, you have to hold the smoke in for as long as you can."

I was fourteen years old and this was when I smoked my first marijuana cigarette. The cigarette was rolled in newspaper and had seeds in it; the place, an abandoned building in a neighborhood close to my high school.

After that one time, I would continue experimenting with smoking marijuana every once in a while until I became addicted to it and the passing feeling of "flying." It seemed that I had finally found something that made me feel good, gave me status, and allowed me more enjoyment and fun in life.

Smoking marijuana made me feel good because, under its influence, all my inhibitions left and I could be open and fun. Also, using this drug instead of just drinking and smoking tobacco, like most of my classmates did, put me into an elite group. At least that was the way it was for a little while. Later I would find out that using marijuana was just the doorway into another world where I would be trapped for the next four years.

My friends gradually began to change, the places where I hung out also changed, the kind of clothes I wore changed, and even the way I talked changed. I was just another member of the "group." My companions and I began sinking deeper and deeper into drug use. Our daily diet consisted of familiar drugs and the thrill of trying out new ones. Meanwhile, I noticed that each time I came off a high my reality would return rather brusquely. In reality I felt I was misunderstood–my heart was aching because of my parents' separation, I had low self-esteem, and my soul longed for acceptance, love, and rest.

Upon finishing high school, and still in this condition, my aunt and uncle invited me to go to Houston for vacation. When I arrived, my cousin took me to a meeting where I was told about Jesus Christ and how He loved me, how He could heal my past, and change the present. I decided to give my life to Jesus and I began to study the Bible. This transformed my life, Jesus really healed the wounds of my past and gave me the courage to live the present.

Now I know that it isn't the passing pleasure of the drugs that changes reality and brings happiness. Jesus said: "You will have suffering in this world, but trust in me, I have overcome the world." We live in a world that causes pain and inflicts wounds even on the youngest of its members, but there is not a wound that the love of Jesus Christ cannot heal, and no pain that the love of Jesus Christ cannot change into real joy.

Unfortunately, there are those who decide to live with the tattoo and don't want Jesus to erase the pain. Those who abuse drugs usually not only affect themselves, but also their families, friends, and future children. Many of them have children with handicaps, and they are the innocent party who suffer because of their parents' mistakes. Beware of the tattoo of drugs. If you believe that this tattoo exists in you, just remember that if God could erase Martin's tattoo, He is also able and willing to erase your tattoo if you let Him.

Statistics:

In 1997, as part of the "Youth Risk Behavior Surveillance System" the Center for Disease Prevention worked up a survey based on the results of 16,262 questionnaires answered by students in 151 schools nationwide.

47.1% of the students had tried marijuana.

8.2% of the students had used cocaine.

4.7% of the students had used "crack" or "freebase."

2.1% of the students had injected illegal drugs.

17% of them had used drugs such as LSD, PCP, hallucinatory mushrooms, or heroin during their lifetime.

16% of the students had inhaled glue, aerosol, or paint for intoxication. (CDC, Youth Risk Behavior Surveillance, United States, 1997)

3

The Alcohol Tattoo

My friend, Geno V, has on his recording a song titled, "Take Me to the Homies," which tells about the life of many of teenagers across Latin America. The song describes a night in a house where everyone has gone to bed. In the early morning, the father comes home drunk, as is his custom, banging on the door. The young boy, full of fear, begins to cry and the mother, feeling desperate, opens the door thinking about the beating that awaits her. The father comes in and begins to hit her with all his hate and rage. The boy tries to help, but only gets slapped. The neighbors call the police and when they come in, the mother, in fear, denies that her husband beat her. She says, "I fell and hit myself." The police leave, the drunken father goes to sleep and the next day the story repeats itself.

The alcohol tattoo is common in the

Hispanic culture. It seems normal for a father to spend most of his paycheck on alcohol, and young people learn from his example. Drinking begins at an early age–as young as thirteen. The reason they start so young is because of the pressure caused by all of their friends drinking and them not having the courage to say no. The center of attraction at parties is the beer keg, which makes everyone feel pressured into trying some. We need to be very careful about the parties we choose to attend. If there is going to be alcohol, then you are definitely walking into a danger zone.

People who have been affected by a drinking problem renounce this tattoo. If you study the families that people with a drinking problem come from, you will usually find the same problem all through the family. Satan is confusing young people, involving them in drinking and he wants to do it at the earliest possible age. Kids who begin to drink before the age of fifteen are four times more likely to become alcoholics than those who begin to drink after the legal drinking age of twenty-one.

Alcohol is killing more young people than any other kind of drugs. The majority of fatal accidents among teens are related to alcohol abuse. Binge drinking is a phrase used to describe someone who has five or more alcoholic drinks at one time. In a national survey, one-third of twelve graders in high schools are "binge drinkers." (Youth and Alcohol: Selected Reports to the Surgeon General, U.S. Department of Education, 1993.)

The sexual encounters responsible for the biggest number of pregnancies, AIDS, and rapes occur while students consume large quantities of alcohol. This tattoo is causing great damage; are you marked by this tattoo?

Statistics:

82% of Senior high school students, have consumed alcohol. (NIDA, 1997, Monitoring the Future Study, Secondary School Students)

Those students with a D and F grade average drink three times more than students with an A average. (C. Presley and P. Meilman, "Alcohol and Drugs on American College Campuses," Student Health Program Wellness Center, Southern Illinois University, 7/92)

31.9% of kids under 18 who are in juvenile detention centers for long periods of time, were arrested while under the influence of alcohol. (U.S. Department of Justice, Bureau of Justice Statistics Special Report, 9/88)

4

The Divorce Tattoo

When I was in second grade and living in Zacatecas, Mexico, I had a friend named Favio. He was a very nice and we played together. One summer day I woke up early and decided to go and visit Favio. When I arrived at his house, I found Favio crying hysterically, and that scared me. I didn't know what to do so I just waited there beside him until he stopped crying and said: "My father is not coming back. He took all his stuff and left us. He has a six-year-old daughter with another woman, and he has decided he wants to go live with them." I couldn't believe what was happening.

Favio became emotionally tattooed at about seven years of age. It has been more than fourteen years since I have had any contact with Favio. My prayer is that someday he will meet

Jesus and He will be able to erase that tattoo.

There is a generation growing up without parents. This is painful experience with many consequences. I know many adolescents who live in divorced families, and I can see those consequences in them. The tattoo of resentment, hate, and bitterness is a difficult one to take off, but not impossible. The Bible teaches us that "When my father and my mother forsake me, then the Lord will take care of me" (Ps. 27:10).

God's plan is that the family be united, not divided. The Word teaches us that God has made our parents one flesh. "And Adam said: 'This is now bone of my bones and flesh of my flesh: she shall be called Woman. Because she was taken out of Man' " (Gen. 2:23). When Jesus isn't the one who governs the home, the enemy who has come to steal and destroy comes in to separate the parents. He knows that if he can succeed in breaking up the home, he can have a greater influence over the children that have been affected by the divorce.

Usually, when someone has gone through a divorce or separation, they experience feelings of resentment or hate for the person who has abandoned them. This resentment hardens our heart, and we are not the same. There are thousands of hardened hearts that don't allow God to do His work in them.

There was a young man I knew who said on numerous occasions: "I hate the man who calls himself my father, I don't know why he left my mother and brothers." Others say things such as: "It's better if I never see him or know him, I don't feel anything for him except hate." These are dangerous words since every time you confess or express hate, the root grows deeper. This tattoo caused by a root of bitterness has very dire consequences.

There was a young lady in my youth group at church who constantly did things that showed she needed a father figure. Her father had left her family when she was very young, and this had caused her many problems. To make matters worse, her mother had always blamed her for her husband having left her. I remember her crying many times while we ministered to her, saying that she would never marry because she didn't want what had happened to her mom to happen to her. There were always fights between she and her mother and both of them wounded each other with their words. This went on for a long time and they still have their struggles to this day. They need for the expert Tattoo Remover to operate on them. He is the only one who will be able to calm their pain.

Statistics:

Young people who live with only one parent, have 3 to 4 times more emotional problems than those who live with both parents. (Zill and Schoenbrn, National Center for Health Statistics, 1990)

84% of adolescents treated by psychiatrists come from broken homes. (1989 study, cited by Hewlett, When the Bough Breaks)

The majority of adolescents who attempt suicide come from homes where there is no contact with their father.

75% of adolescents who commit suicide come from single-parent homes. (Study of 752 families by New York Psychiatric Institute, Cited by Hewlett)

35% of adolescents with no parents use drugs. (Elshtain, The Christian Century, 1993)

The majority of adolescents who come from broken homes never finish college. (Wallerstein, Family Law Quarterly, 1986)

Adolescents who come from broken homes are twice as likely to become involved in crime. Of all criminals, 72% of murderers, 60% of rapists, and 70% of criminals in jail come from homes with an absent father. (U.S. Department of Justice data, 1991)

5

The Rebellion Tattoo

One of the most common problems found among adolescents is rebellion. The fact that there are many hormonal changes going on in our body is enough to cause us to act rebelliously.

Now, by saying this, I don't mean that it's OK to rebel against your leaders, parents, and authority. It is important for you as an adolescent to be aware of the problem so that it does not become a tattoo.

During my first years as a youth pastor, I met a young man that we'll call Pancho. He came to the group when he was twelve because his mother began attending the church. He was one of those kids that always has the best tennis shoes, brand name clothing, and we all marveled at how he always had the newest stuff. Pancho began to really get involved in church.

He participated in all the activities and began to invite many friends to come to the meetings. Some of the kids he invited are now among the leaders in our church.

When Pancho turned fifteen, his life began to take some radical turns. His mother began telling me that he was skipping school and had begun to talk very disrespectfully to his authority figures. I decided to visit him and try to help. After each of our meetings together, I thought that the situation would get better, but it continued to get worse and worse. Pancho wasn't faithful to church anymore and his spiritual life dried up. By the time he was sixteen, he became sexually involved with a young woman, she became pregnant, and they got married. They would go to church every once in a great while and it hurt me so much to see how these young kids had to live like adults.

After about a year, things began to get worse. Pancho got involved in drugs, and began stealing to survive. His wife left him and began seeing other guys. This destroyed Pancho and filled him with anger.

Today, Pancho is sitting in the county jail and is paying for the mistakes he committed. The rebellion tattoo marked Pancho's youth, he threw away the best years of his life because he wouldn't listen to counsel. I hope that he will someday find the peace that Jesus gives and decide to let Him erase his tattoo forever.

What does the Bible have to say about rebellion? First Samuel 15:23 says, " 'For rebellion is as the sin of witchcraft, and stubbornness is as iniquity and idolatry. Because you have rejected the word of the Lord, He also has rejected you from being king.' " Rebellion is a serious sin, the Scripture compares it to divination or witchcraft. These sins are works of the flesh according to Galatians 5:20, and those who practice such things will not enter into the kingdom of heaven.

Statistics:

Everyday in the U.S., 1,629 adolescents are put into adult prisons.

1,512 adolescents drop out of school everyday in the U.S.

3,288 kids run away from home everyday in the U.S. (Children's Defense Fund, as reprinted in Dateline Dream, August/Sept, 1995)

6

The Sexual Abuse (Rape) Tattoo

The tattoo of sexual abuse is one the most painful tattoos that exist. Unfortunately, it is so common in our society that it doesn't really alarm us to hear the stories of these kinds of tragedies. This is one of the tattoos that I call an involuntary tattoo. It is not premeditated or planned, it is very serious and should not be ignored. This tattoo destroys lives and it has to be erased. I want to share a story with you.

A thirteen-year-old girl began attending one of our youth cell groups. Tina decided to serve Jesus and everyone was helping her along her way. She had a very bad home life. Her father didn't live at home, and she didn't have a good relationship with her mother. Her beginning in the Lord was good and it seemed like Tina was going to make it.

One Saturday evening, Tina accepted her

friends' invitation to go to a school party. Tina knew that this was not a very good idea but she went anyway. When the party was over, some friends invited her to take a ride in their car. She didn't want to go, but since she was with other girls she had no choice. When they got in the car, some drinks were mixed, and they drank what was given to them. On the way, she began to feel very sleepy and later dozed off. The next day she woke up at a friend's house and felt very sore. She knew something had happened the night before because she felt badly and very confused. Her private parts were sore and she was very afraid. She didn't tell anyone, and time passed. She did not know that on Saturday night, she had lost her virginity to someone she did not know.

Tina had been raped and her virginity was stolen. Two months later, Tina found out she was pregnant. The young man who abused her has not been found to this day and she has no idea where he is. Thank God, Tina refused to accept the "advise" to abort the baby. Today she has a precious baby to whom she chose to give life and loves very much.

This is the story of a tattoo with which Tina has to wear for the rest of her life. The pain has been taken away by God, but the evidence of what happened will always be there. God has ways of turning our mourning into joy.

These tattoos don't mark only young women, they also mark young men. Perhaps when you were young, someone abused you sexually and you have memories of that nightmare. Many times, if these kinds of problems are not dealt with, they will leave an open door to homosexuality and other sexual deviations.

Another problem among people affected by this tattoo is that they hate and grow bitter towards the rapist. This can turn into a root of bitterness that could cause an emotional unbalance. In marriage, this can mean disaster. Maybe you have been abused and you feel confused. Please don't be ashamed to share it with your parents and leaders. And remember, Jesus is there to help you.

Statistics:

In the U.S., 1.3 women are raped every minute. This means there are 78 rapes each hour, 1,872 each day, 56,160 rapes each month, 683,280 a year.

One out of every three women in the U.S. will be sexually molested during their lifetime.

In 61% of rape cases, the victims are younger than eighteen years old.

78% of rape victims know the person who raped them.

Only 16% of rapes are ever reported to the police. (National Victim Center Report, April 23, 1993)

7

The Sexual Abuse (Planned) Tattoo

Family values have become less and less important; virginity is losing its importance. Some people jump from bed to bed, giving their bodies and never stopping to think that they are doing something against God's plan.

Sexual pleasure was designed to be enjoyed only in the context of marriage. It is something sacred and precious that you choose to keep until you give it to the person you have chosen to marry. The truth is that many young people arrive at their wedding night and give the remnants of what they have shared with many other beds. For those carrying tattoos, it becomes just one more evening to mark up on their list. Young man, young lady, don't cheat your future spouse.

This tattoo is destroying young people, and it is very hard to erase. This problem can reach an addiction level. Dating has become a laboratory for experimenting with all things sexual. Boyfriends ask their girlfriends to give them something that isn't theirs to ask for: a proof of love that leads to destruction. The worse part is that many young women give it, not knowing that they have asked for the same thing from other women, and now wear the experience like some kind of badge.

If you have given your virginity to someone, don't doubt that you have been on the lips of many and will reap some pain in your youth. If you abuse this experience, you will become like a squeezed lemon. A recently cut lemon is juicy and flavorful. Most of us use lemons to give food a better flavor. There comes a time when all that is left of that lemon is the rind and a bitter taste. There is no reason to keep that lemon, and the best place for it is the trash can. There are many adolescents walking around like a squeezed lemon. Don't fall into that lie of "if you love me, show me." If that person loves you, they will not ask you to do something which goes against God's principles. Keep yourself pure for God.

Planned sexual abuse is a lethal weapon. One example is the increase in AIDS and venereal diseases, which are becoming more prevalent in this generation. The situation is getting out of hand. Young people who are sexually active arrive at adulthood with their minds and lives distorted and affected, not knowing the difference between right and wrong.

The saddest effect of sex outside of marriage is pregnancy. There are so many children having children, and worse yet, many children aborting children. Don't let yourself be trapped into exchanging the most precious gift God has given you for a few moments of pleasure. God wants you to keep yourself pure unto Him.

But what happens if it's too late and now you are tattooed? God wants you to allow Him to erase your pain and let Him restore your spiritual virginity. Remember that God wants the best for His children, and He will give you the best when it is the right time.

Statistics:

48.4% of students have had, at some point, sexual relations.

7.2% of these students began having sexual relations before the age of 13 years old.

16% of these students have had sexual relations with more than four persons.

Of those who are sexually active, 56.8% used condoms, 16.6% used contraceptive pills.

24.7% of the sexually active, had used drugs or consumed alcohol before having done it. (CDC,

Youth Risk Behavior Surveillance - United States, 1997. MMWR 1998;47 [No. SS-3])

2,795 adolescents become pregnant in the U. S. everyday.

7,742 adolescents are sexually active during one day in the U.S.

1,106 abortions are performed on adolescents each day in the U.S. (Children's Defense Fund, as reprinted in Dateline Dream, August/Sept., 1995)

Over 4 of every 10 adolescents have had a pregnancy before the age of fourteen.

Approximately 1.1 million adolescents have become pregnant during the last year and half have either lost the baby or had an abortion. (National Campaign to Prevent Teen Pregnancy and National Center for Health Statistics)

8

The Physical Abuse Tattoo

A very common tattoo among Hispanics is the one of physical abuse. In Latin America, the "machismo" lie is lived out everyday. Men think they are more of a man if they can discharge their pain, hate, and bitterness onto those around them. Usually the ones who receive it are the children and wife.

The Bible teaches us to teach and correct our children (Prov. 22:15). It mentions the rod of correction, but it doesn't mention the belt buckle, the electrical cord, the bat, or the heavy hand. There are thousands of adolescents who by misfortune have been marked and who need to realize their need for healing.

This tattoo brings shame with it and those who suffer from it usually don't want to share their pain with anyone. I remember when I was advised of the possibility that one of the adolescents to which I ministered might be suffering physical abuse. It turns out that the young man lived with his mother and stepfather. When I began to find out what was going on, I found myself between the rock and the hard place. When I would confront him with the question of whether or not he was being abused, he would deny there was a problem. His answer to our question of where his bruises were coming from was that he hurt himself. We would like to think that the stories about the bad stepfather were all fairytales, but we've dealt with too many young people to know they aren't.

And they can't receive help unless they open up and talk about what is going on. The saddest thing about these tattoos is that when the people wearing them reach adulthood, the same rage and anger is discharged onto their own children. It's the same story all over again, and another generation is tattooed.

If you are a victim of this tattoo, you are probably living the same situation that your parents suffered from in their childhood. What you have to do is make sure that your children don't go through what you have or are going through. The only way to break this cycle is to allow Jesus to erase the physical abuse tattoo.

There are a few consequences to this tattoo. First, insecurity–most of the people who have been physically abused lack a sense of security. They lose their sense of personal worth and feel they will never be able to accomplish their goals or dreams. There is no reason to make an effort and they turn into conformists. Creativity is blocked, and they live in fear. It becomes difficult to trust and they find it hard to work in teams. Those who now have Christ know that the Bible says that "God has not given us a spirit of fear, but of power and of love and of a sound mind" (2 Tim. 1:7).

Second, bitterness and hate can result from the abuse. Before you know it, they build up against the people who have or do abuse you. When the adolescent reaches the age when the abuse can be returned, he does. The home turns into a battlefield as the slaps and lashes are returned. If they are not returned to the abuser, then they are given to his own children, and to his children's children.

Third, bad memories also are a result of physical abuse. The enemy will constantly take the abused to relive the moments of abuse, and this can hinder the work God may be trying to do in his life. God wants to develop you into something beautiful to minister in His kingdom.

Statistics:

Everyday, in the U.S., 1,849 children are abused. (Children's Defense Fund, as reprinted in Dateline Dream, August/Sept., 1995)

More than one of every four highschool students have experienced some kind of violence while on a date. (Levy - Dating Violence, 1991)

A study done of 202 Middle Tennessee State University students finds the following: 65% reported that the had been victims of very severe physical abuse; 17% had been hurt; 4% had seen a doctor; 2% were hospitalized. (American Psychological Association. August 8, 1997. Study by Carol D. Wilson and Mary Ellen Fromuth, Ph. D.)

9

The Verbal Abuse Tattoo

I think everyone knows the little nursery rhyme that says "sticks and stones may break my bones, but words will never hurt me." This rhyme is a lie.

The Bible teaches us about the power of words. James 3:5 says, "Even so the tongue is a little member and boasts great things. See how great a forest a little fire kindles!" Verses 8 and 9 say, "But no man can tame the tongue. It is an unruly evil, full of deadly poison. . . . with it we bless our God and Father, and with it we curse men, who have been made in the similitude of God." What the Word is telling us is that we have to very careful about what comes out of our mouth because it has the power to tattoo someone for the rest of his life.

When I was about fifteen years old, I had a group of friends who were inseparable. We all thought of each other as the best of friends and always did things together. As in every group, there was one person who received the brunt of all the jokes. We had one in our group whom we'll call Tito. We all made his life miserable. What we didn't realize was that we were tattooing Tito.

I remember one night we were all staying over a friend's house whose parents had left for the weekend. I recall that Tito had learning problems and it looked like he was going to have to repeat sixth grade for the third time. When he told us this, we fell to the floor laughing, and a good half-hour of jokes and laughter began. Without realizing it, we were literally destroying Tito on the inside.

He ran crying into the bathroom and locked the door. He told us he wanted to commit suicide. Tito had a box of matches with him and turned on the gas. Conviction fell on us, and we recognized what we had done to Tito. The only thing we could do was pray. After about twenty minutes, Tito opened the door and let us in. We ran to hug him and ask his forgiveness. After this incident, we never made Tito the center of our jokes and pranks. Little by little we had marked one of our closest friends. I know that I will never forget that lesson.

There are many others like Tito who have

been tattooed either by their friends or by their parents. It is common to hear parents say: "Why can't you be like your brother, he's smart," "You'll never amount to anything." If this is you, and you have been marked by these kinds of comments, I want to tell you that God believes in you. He sees you as His child, worthy of His love. Read Jeremiah 29:11. God always believes in us and He's willing to erase the scars that others have inflicted upon us.

Statistics:

One of every four women are verbally abused. (Solo Lifestyles for Singles)

If someone grows up in a home with verbal abuse it will probably affect their romantic life.

Many people try to justify why they are victims of verbal abuse.

10

The Tattoo of Depression

The tattoo of depression affects many of our young people today. According to the American Heritage Dictionary, depression is "A psychotic or neurotic condition characterized by an inability to concentrate, insomnia, and feeling of extreme sadness, dejection, and hopelessness. A reduction in activity and/or force. A reduction in physiological vigor or activity."**

There are several reasons why a person develops such a dangerous state of mind. One of them is failure. Everyone has failed in something. The fact that you failed doesn't mean that it's all over; it's never too late to start over. Depression over failure comes when all your hopes and dreams are caught up in whatever you failed.

We must not store up treasure on earth. Many times our treasures are the emotional ones which we have put in people who sooner or later will fail, since they are human. Adolescents can sometimes fall into depression when the person in whom they have deposited all their love and trust betrays them. Nobody's love is perfect, only God's is perfect.

Some teenage guys change girlfriends every weekend and the girls don't realize that each time they begin a new relationship, they are exposing themselves to depression. Young lady, don't give your heart to someone who will break it. Dating is a big cause of depression. Remember that if someone leaves you, God will never leave you and at the hardest time, He will be there to help you through it.

Family problems are another reason adolescents get depressed. In homes where there has been divorce, depression is one of the traps the enemy uses to attack and defeat you. I recall Perla, a thirteen-year-old girl who came to our meeting about two years ago. She came because her parents were getting a divorce and she needed help.

After we had studied her case, we tried to give counseling to her parents, but they had only one thing on their mind and that was divorce. I remember days when Perla would stay after a meeting crying, because she didn't want to return home. In less than a year, Perla had been in three schools, had run away several times, was flunking out of school, and entered a deep depression. Nothing made Perla happy. Finally, she decided to leave home and live with her boyfriend (who was obviously having the same kinds of problems she was) in a center that helped youth with these kinds of problems. After about a month of living with him at the center, she visited us and we realized that things were worse. She was in poor physical state and she was sinking further into depression. It hasn't been easy for Perla, but thank God she is recovering from this crisis that almost did away with her.

If you are going through the same kind of thing, remember that there is Someone who knows everything and understands you.

Another reason some people go into depression is when a loved one dies. Questions that may never be answered come to mind such as, "Why did they have to die so young?" "Lord, I still needed them;" "If You can do anything, why didn't You heal them?"

These are questions that no one can answer for you and they can lead to depression. Think of the person who has gone; he is no longer suffering or sad, instead he is happy because he is in God's presence. Trust God's omniscience. Don't you think that He has a good reason for taking that much loved person? This should encourage us and close the door on any depression with which we may be struggling. God will always care for you. He will never leave you or forsake you.

One of the most dangerous results of depression is suicide. This is a door that may seem easy to walk through, but it comes from the one who has come to kill and destroy. There are many adolescents out there who feel that they don't have the courage to face their situation and think the best way out of it is to end their life. Jesus said, "I am the way, the truth, and the life." Allow God's love and understanding to erase that negative thought of suicide and the tattoo of depression.

Statistics:

20.5% of students have seriously considered suicide during the last 12 months.

15.7% of students had actually made specific plans about how to commit suicide during the last 12 months.

Six adolescents commit suicide everyday. (Children's Defense Fund, as reprinted in Dateline Dream, August/Sept., 1995)

**Endnote: (American Heritage Dictionary of the English Language, Third Edition. 1996 by Houghton Miffin Co.)

11

How to Remove Tattoos

As we saw at the beginning of the book, tattoos can leave permanent marks. When someone decides to put on a tattoo, he will be marked for the rest of his life. I know that there are people who regret having tattooed themselves. Many people try to remove one tattoo by putting another one on top of it. Perhaps a small tattoo can be covered by a larger one, but it will not erase it. No matter what you do, you have been marked and that will always be evident.

There is a certain type of surgery that is said to remove tattoos, but there will always be a scar as evidence of what used to be there. Perhaps you are one of those people who regrets having received a tattoo. If you are, I want to give you some good news: I know the only Doctor who can make all things new. He can erase all the markings from your life. He can restore that which the enemy has taken from you and has marked you. This Doctor's name is Jesus, and He is ready and willing to help you and heal your wound, but there are some steps you have to take for Him to be able to do this.

1. Accept that You Have a Tattoo

The first thing you need to do in the process of removing your marks is to accept that you are tattooed. There are some people who are tattooed, but don't want to admit it. Perhaps they are embarrassed or ashamed to admit what they have done. A sick person cannot receive healing if he doesn't acknowledge he is ill and needs a doctor. In order for you to receive healing from God, you have to be willing to accept the fact that you have a tattoo and be willing to erase all the tattoos.

I have seen many young people who live frustrated lives simply because they have not been willing to accept that they have a problem. They spend their lives scarred by these tattoos.

For many the tattoo may be obvious to everyone but the individual who is blinded by the reality of the problem. It is a spiritual problem, that if left undealt with, can turn into a root of bitterness. The root problem of the tattoos don't allow a person to become all that God has destined for him to be.

2. Make a List of Your Tattoos

The second step in the process of erasing tattoos is to write a list of the tattoos you identify in your life. You need to write down all of their effects on your life and why they are there. This may be a hard thing to do, but you can seek God's strength. If you think there are too many tattoos to remember, ask the Holy Spirit to bring them all to your memory.

There are some generational tattoos that are the result of the sins of your grandparents or parents. The Holy Spirit can bring those things to your mind with which you may be constantly battling. I recommend you doing this somewhere private where you can pour your heart out to God. Since this list is private, it is probably a good idea to share it only with those whom you feel you need to such as your parents, pastor, counselor, or youth leader. Prayerfully ask God to give you courage and to remind you of all the tattoos that have marked your life.

3. Write Down the Names of the People Who Affected You

Along with the list of tattoos you have written down, you should also write down the names of the persons who may have caused these tattoos in your life. The list will really not be as effective if you do not mention the persons who caused these marks. Maybe you don't know exactly who caused the mark in every instance, but God knows. If you have no knowledge of the person who caused it, then just write down how you were affected and the Lord will take care of the rest.

4. Ask God to Forgive You for the Tattoos, Close the Doors to Them and Renounce all the Tattoos

After you have made your list of tattoos with the name of the persons who affected you along with the consequences brought on by the tattoos, ask God to forgive you for opening any doors that may have led up to these tattoos. Prayerfully ask God to forgive you for each time you opened the door for demonic forces to come in and destroy your life, and audibly renounce every tattoo on the list. After you have renounced them and asked God to forgive you, ask God to close and seal every door that might have been opened. Through confession these doors can be sealed by the Holy Spirit and no one will be able to open them again.

5. Forgive Each Person Who Has Hurt You

Once the doors have been closed, forgive all

the people who have harmed you. This is one of the hardest parts of the process. For these steps to be effective, you can't have the attitude of "forgive, but not forget." You have to be willing to forgive each person who has affected you, no matter how much that person hurt you. If you don't forgive then God can't forgive you either, and He will not be able to complete the healing process.

Jesus left the best example we have of forgiveness. He was abandoned by His friends when the soldiers arrested Him and also after the resurrection when He looked for them to tell them He loved them and had risen from the dead. Jesus was slapped, whipped, spit on, and humiliated but He said, "Father, forgive them because they don't know what they are doing." We are called to be like Jesus.

6. Ask God to Erase the Memory of Your Tattoos

The last step in this process is to ask God to erase the memory from your mind so that you may never again recall those bad experiences. God has promised to renew our mind, and He will do it. If you faithfully follow each one of these steps toward healing, the Lord will cleanse you and give you the opportunity to start all over again without any tattoos. God is the only one who can remove every hurt from your heart and erase those tattoos.

7. Ask God to Fill You With the Holy Spirit

Now that things have been removed from your life, there is an empty space that was formerly occupied by the tattoo. It is time to fill it with the Holy Spirit. You have to be full of God by reading His word and praying. The Holy Spirit fills us with fire and consumes us. He is the one that finishes the good work that was begun in us. Philippians 1:6 says, "...being confident of this very thing, that He who has begun a good work in you will complete it until the day of Jesus Christ."

What to Do With the List After Everything Is Done

Throw it away since it is no longer a part of your life. I thank God for each young person who will be touched and healed upon reading this book. I thank Him for you, young person, reading this book because every tattoo that you once had has been erased. To Jesus be the glory and honor forever!